LOVE POEMS
PABLO NERUDA

LOVE POEMS

PABLO NERUDA

TRANSLATED BY
DONALD D. WALSH

A NEW DIRECTIONS PAPERBOOK

MANUFACTURED IN THE UNITED STATES OF AMERICA
FIRST PUBLISHED AS A NEW DIRECTIONS PAPERBOOK (NDP1094) IN 2008.
PUBLISHED SIMULTANEOUSLY IN CANADA BY PENGUIN BOOKS CANADA LIMITED
NEW DIRECTIONS BOOKS ARE PRINTED ON ACID-FREE PAPER.

NERUDA, PABLO, 1904-1973.
LOVE POEMS / PABLO NERUDA ; TRANSLATED BY DONALD D. WALSH.
P. CM.
ISBN 978-0-8112-1729-3 (ALK. PAPER)
I. WALSH, DONALD DEVENISH, 1903- II. TITLE.
PQ8097.N4L68 2008
861'.62—DC22

2007040666

NEW DIRECTIONS BOOKS ARE PUBLISHED FOR JAMES LAUGHLIN
BY NEW DIRECTIONS PUBLISHING CORPORATION,
80 EIGHTH AVENUE, NEW YORK, NEW YORK 10011

20 19 18 17 16 15 14 13 12 11

CONTENTS

LOVE POEMS
PABLO NERUDA

EN TI LA TIERRA

Pequeña
rosa,
rosa pequeña,
a veces,
diminuta y desnuda,
parece
que en una mano mía
cabes,
que así voy a cerrarte
y llevarte a mi boca,
pero
de pronto
mis pies tocan tus pies y mi boca tus labios:
has crecido,
suben tus hombros como dos colinas,
tus pechos se pasean por mi pecho,
mi brazo alcanza apenas a rodear la delgada
línea de luna nueva que tiene tu cintura:
en el amor como agua de mar te has desatado:
mido apenas los ojos más extensos del cielo
y me inclino a tu boca para besar la tierra.

IN YOU THE EARTH

Little
rose,
roselet,
at times,
tiny and naked,
it seems
as though you would fit
in one of my hands,
as though I'll clasp you like this
and carry you to my mouth,
but
suddenly
my feet touch your feet and my mouth your lips:
you have grown,
your shoulders rise like two hills,
your breasts wander over my breast,
my arm scarcely manages to encircle the thin
new-moon line of your waist:
in love you have loosened yourself like sea water:
I can scarcely measure the sky's most spacious eyes
and I lean down to your mouth to kiss the earth.

LA REINA

Yo te he nombrado reina.
Hay más altas que tú, más altas.
Hay más puras que tú, más puras.
Hay más bellas que tú, hay más bellas.

Pero tú eres la reina.

Cuando vas por las calles
nadie te reconoce.
Nadie ve tu corona de cristal, nadie mira
la alfombra de oro rojo
que pisas cuando pasas,
la alfombra que no existe.

Y cuando asomas
suenan todos los ríos
en mi cuerpo, sacuden
el cielo las campanas,
y un himno llena el mundo.

Sólo tú y yo,
sólo tú y yo, amor mío,
lo escuchamos.

THE QUEEN

I have named you queen.
There are taller ones than you, taller.
There are purer ones than you, purer.
There are lovelier than you, lovelier.

But you are the queen.

When you go through the streets
no one recognizes you.
No one sees your crystal crown, no one looks
at the carpet of red gold
that you tread as you pass,
the nonexistent carpet.

And when you appear
all the rivers sound
in my body, bells
shake the sky,
and a hymn fills the world.

Only you and I,
only you and I, my love,
listen to it.

TUS PIES

Cuando no puedo mirar tu cara
miro tus pies.

Tus pies de hueso arqueado,
tus pequeños pies duros.

Yo sé que te sostienen,
y que tu dulce peso
sobre ellos se levanta.

Tu cintura y tus pechos,
la duplicada púrpura
de tus pezones,
la caja de tus ojos
que recién han volado,
tu ancha boca de fruta,
tu cabellera roja,
pequeña torre mía.

Pero no amo tus pies
sino porque anduvieron
sobre la tierra y sobre
el viento y sobre el agua,
hasta que me encontraron.

YOUR FEET

When I cannot look at your face
I look at your feet.

Your feet of arched bone,
your hard little feet.

I know that they support you,
and that your gentle weight
rises upon them.

Your waist and your breasts,
the doubled purple
of your nipples,
the sockets of your eyes
that have just flown away,
your wide fruit mouth,
your red tresses,
my little tower.

But I love your feet
only because they walked
upon the earth and upon
the wind and upon the waters,
until they found me.

TUS MANOS

Cuando tus manos salen,
amor, hacia las mías,
qué me traen volando?
Por qué se detuvieron
en mi boca, de pronto,
por qué las reconozco
como si entonces, antes,
las hubiera tocado,
como si antes de ser
hubieran recorrido
mi frente, mi cintura?

Su suavidad venía
volando sobre el tiempo,
sobre el mar, sobre el humo,
sobre la primavera,
y cuando tú pusiste
tus manos en mi pecho,
reconocí esas alas
de paloma dorada,
reconocí esa greda
y ese color de trigo.

Los años de mi vida
yo caminé buscándolas.

YOUR HANDS

When your hands go out,
love, toward mine,
what do they bring me flying?
Why did they stop
at my mouth, suddenly,
why do I recognize them
as if then, before,
I had touched them,
as if before they existed
they had passed over
my forehead, my waist?

Their softness came
flying over time,
over the sea, over the smoke,
over the spring,
and when you placed
your hands on my chest,
I recognized those golden
dove wings,
I recognized that clay
and that color of wheat.

All the years of my life
I walked around looking for them.

Subí las escaleras,
crucé los arrecifes,
me llevaron los trenes,
las aguas me trajeron,
y en la piel de las uvas
me pareció tocarte.
La madera de pronto
me trajo tu contacto,
la almendra me anunciaba
tu suavidad secreta,
hasta que se cerraron
tus manos en mi pecho
y allí como dos alas
terminaron su viaje.

I went up the stairs,
I crossed the roads,
trains carried me,
waters brought me,
and in the skin of the grapes
I thought I touched you.
The wood suddenly
brought me your touch,
the almond announced to me
your secret softness,
until your hands
closed on my chest
and there like two wings
they ended their journey.

TU RISA

Quítame el pan, si quieres,
quítame el aire, pero
no me quites tu risa.

No me quites la rosa,
la lanza que desgranas,
el agua que de pronto
estalla en tu alegría,
la repentina ola
de plata que te nace.

Mi lucha es dura y vuelvo
con los ojos cansados
a veces de haber visto
la tierra que no cambia,
pero al entrar tu risa
sube al cielo buscándome
y abre para mí todas
las puertas de la vida.

Amor mío, en la hora
más oscura desgrana
tu risa, y si de pronto
ves que mi sangre mancha
las piedras de la calle,

YOUR LAUGHTER

Take bread away from me, if you wish,
take air away, but
do not take from me your laughter.

Do not take away the rose,
the lanceflower that you pluck,
the water that suddenly
bursts forth in your joy,
the sudden wave
of silver born in you.

My struggle is harsh and I come back
with eyes tired
at times from having seen
the unchanging earth,
but when your laughter enters
it rises to the sky seeking me
and it opens for me all
the doors of life.

My love, in the darkest
hour your laughter
opens, and if suddenly
you see my blood staining
the stones of the street,

ríe, porque tu risa
será para mis manos
como una espada fresca.

Junto al mar en otoño,
tu risa debe alzar
su cascada de espuma,
y en primavera, amor,
quiero tu risa como
la flor que yo esperaba,
la flor azul, la rosa
de mi patria sonora.

Ríete de la noche,
del día, de la luna,
ríete de las calles
torcidas de la isla,
ríete de este torpe
muchacho que te quiere,
pero cuando yo abro
los ojos y los cierro,
cuando mis pasos van,
cuando vuelven mis pasos,
niégame el pan, el aire,
la luz, la primavera,
pero tu risa nunca
porque me moriría.

laugh, because your laughter
will be for my hands
like a fresh sword.

Next to the sea in the autumn,
your laughter must raise
its foamy cascade,
and in the spring, love,
I want your laughter like
the flower I was waiting for,
the blue flower, the rose
of my echoing country.

Laugh at the night,
at the day, at the moon,
laugh at the twisted
streets of the island,
laugh at this clumsy
boy who loves you,
but when I open
my eyes and close them,
when my steps go,
when my steps return,
deny me bread, air,
light, spring,
but never your laughter
for I would die.

LA NOCHE EN LA ISLA

Toda la noche he dormido contigo
junto al mar, en la isla.
Salvaje y dulce eras entre el placer y el sueño,
entre el fuego y el agua.

Tal vez muy tarde
nuestros sueños se unieron
en lo alto o en el fondo,
arriba como ramas que un mismo viento mueve,
abajo como rojas raíces que se tocan.

Tal vez tu sueño
se separó del mío
y por el mar oscuro
me buscaba
como antes,
cuando aún no existías,
cuando sin divisarte
navegué por tu lado,
y tus ojos buscaban
lo que ahora
—pan, vino, amor y cólera—
te doy a manos llenas
porque tú eres la copa
que esperaba los dones de mi vida.

NIGHT ON THE ISLAND

All night I have slept with you
next to the sea, on the island.
Wild and sweet you were between pleasure and sleep,
between fire and water.

Perhaps very late
our dreams joined
at the top or at the bottom,
up above like branches moved by a common wind,
down below like red roots that touch.

Perhaps your dream
drifted from mine
and through the dark sea
was seeking me
as before,
when you did not yet exist,
when without sighting you
I sailed by your side,
and your eyes sought
what now—
bread, wine, love, and anger—
I heap upon you
because you are the cup
that was waiting for the gifts of my life.

He dormido contigo
toda la noche mientras
la oscura tierra gira
con vivos y con muertos,
y al despertar de pronto
en medio de la sombra
mi brazo rodeaba tu cintura.
Ni la noche, ni el sueño
pudieron separarnos.

He dormido contigo
y al despertar, tu boca,
salida de tu sueño,
me dio el sabor de tierra,
de agua marina, de algas,
del fondo de tu vida,
y recibí tu beso
mojado por la aurora
como si me llegara
del mar que nos rodea.

I have slept with you
all night long while
the dark earth spins
with the living and the dead,
and on waking suddenly
in the midst of the shadow
my arm encircled your waist.
Neither night nor sleep
could separate us.

I have slept with you
and on waking, your mouth,
come from your dream,
gave me the taste of earth,
of sea water, of seaweed,
of the depths of your life,
and I received your kiss
moistened by the dawn
as if it came to me
from the sea that surrounds us.

EL VIENTO EN LA ISLA

El viento es un caballo:
óyelo cómo corre
por el mar, por el cielo.

Quiere llevarme: escucha
cómo recorre el mundo
para llevarme lejos.

Escóndeme en tus brazos
por esta noche sola,
mientras la lluvia rompe
contra el mar y la tierra
su boca innumerable.

Escucha cómo el viento
me llama galopando
para llevarme lejos.

Con tu frente en mi frente,
con tu boca en mi boca,
atados nuestros cuerpos
al amor que nos quema,
deja que el viento pase
sin que pueda llevarme.

WIND ON THE ISLAND

The wind is a horse:
hear how he runs
through the sea, through the sky.

He wants to take me: listen
how he roves the world
to take me far away.

Hide me in your arms
just for this night,
while the rain breaks
against sea and earth
its innumerable mouth.

Listen how the wind
calls to me galloping
to take me far away.

With your brow on my brow,
with your mouth on my mouth,
our bodies tied
to the love that consumes us,
let the wind pass
and not take me away.

Deja que el viento corra
coronado de espuma,
que me llame y me busque
galopando en la sombra,
mientras yo, sumergido
bajo tus grandes ojos,
por esta noche sola
descansaré, amor mío.

Let the wind rush
crowned with foam,
let it call to me and seek me
galloping in the shadow,
while I, sunk
beneath your big eyes,
just for this night
shall rest, my love.

LA RAMA ROBADA

En la noche entraremos
a robar
una rama florida.

Pasaremos el muro,
en las tinieblas del jardín ajeno,
dos sombras en la sombra.

Aún no se fue el invierno,
y el manzano aparece
convertido de pronto
en cascada de estrellas olorosas.

En la noche entraremos
hasta su tembloroso firmamento,
y tus pequeñas manos y las mías
robarán las estrellas.

Y sigilosamente,
a nuestra casa,
en la noche y la sombra,
entrará con tus pasos
el silencioso paso del perfume
y con pies estrellados
el cuerpo claro de la primavera.

THE STOLEN BRANCH

In the night we shall go in
to steal
a flowering branch.

We shall climb over the wall
in the darkness of a private garden,
two shadows in the shadow.

Winter is not yet gone,
and the apple tree appears
suddenly changed
into a cascade of fragrant stars.

In the night we shall go in
up to its trembling firmament,
and your little hands and mine
will steal the stars.

And silently,
to our house,
in the night and the shadow,
with your steps will enter
perfume's silent step
and with starry feet
the clear body of spring.

AUSENCIA

Apenas te he dejado,
vas en mí, cristalina
o temblorosa,
o inquieta, herida por mí mismo
o colmada de amor, como cuando tus ojos
se cierran sobre el don de la vida
que sin cesar te entrego.

Amor mío,
nos hemos encontrado
sedientos y nos hemos
bebido toda el agua y la sangre,
nos encontramos
con hambre
y nos mordimos
como el fuego muerde,
dejándonos heridas.

Pero espérame,
guárdame tu dulzura.
Yo te daré también
una rosa.

ABSENCE

I have scarcely left you
when you go in me, crystalline,
or trembling,
or uneasy, wounded by me
or overwhelmed with love, as when your eyes
close upon the gift of life
that without cease I give you.

My love,
we have found each other
thirsty and we have
drunk up all the water and the blood,
we found each other
hungry
and we bit each other
as fire bites,
leaving wounds in us.

But wait for me,
keep for me your sweetness.
I will give you too
a rose.

EL INSECTO

De tus caderas a tus pies
quiero hacer un largo viaje.

Soy más pequeño que un insecto.

Voy por estas colinas,
son de color de avena,
tienen delgadas huellas
que sólo yo conozco,
centímetros quemados,
pálidas perspectivas.

Aquí hay una montaña.
No saldré nunca de ella.
Oh qué musgo gigante!
Y un cráter, una rosa
de fuego humedecido!

Por tus piernas desciendo
hilando una espiral
o durmiendo en el viaje
y llego a tus rodillas
de redonda dureza
como a las cimas duras
de un claro continente.

THE INSECT

From your hips to your feet
I want to make a long journey.

I am smaller than an insect.

I go along these hills,
they are the color of oats,
they have slender tracks
that only I know,
burnt centimeters,
pale perspectives.

Here there is a mountain.
I'll never get out of it.
Oh what giant moss!
And a crater, a rose
of dampened fire!

Down your legs I come
spinning a spiral
or sleeping en route
and I come to your knees
of round hardness
as to the hard peaks
of a bright continent.

Hacia tus pies resbalo,
a las ocho aberturas
de tus dedos agudos,
lentos, peninsulares,
y de ellos al vacío
de la sábana blanca
caigo, buscando ciego
y hambriento tu contorno
de vasija quemante!

I slide toward your feet,
to the eight openings
of your sharp, slow,
peninsular toes,
and from them to the void
of the white sheet
I fall, seeking blind
and hungry your contour
of burning cup!

SIEMPRE

Antes de ti
no tengo celos.

Ven con un hombre
a la espalda,
ven con cien hombres en tu cabellera,
ven con mil hombres entre tu pecho y tus
pies,
ven como un río
lleno de ahogados
que encuentra el mar furioso,
la espuma eterna, el tiempo.

Tráelos todos
adonde yo te espero:
siempre estaremos solos,
siempre estaremos tú y yo
solos sobre la tierra
para comenzar la vida.

ALWAYS

Facing you
I am not jealous.

Come with a man
at your back,
come with a hundred men in your hair,
come with a thousand men between your bosom
   and your feet,
come like a river
filled with drowned men
that meets the furious sea,
the eternal foam, the weather.

Bring them all
where I wait for you:
we shall always be alone,
we shall always be, you and I,
alone upon the earth
to begin life.

EL SUEÑO

Andando en las arenas
yo decidí dejarte.

Pisaba un barro oscuro
que temblaba,
y hundiéndome y saliendo,
decidí que salieras
de mí, que me pesabas
como piedra cortante,
y elaboré tu pérdida
paso a paso:
cortarte las raíces,
soltarte sola al viento.

Ay en ese minuto,
corazón mío, un sueño
con sus alas terribles
te cubría.

Te sentías tragada por el barro,
y me llamabas y yo no acudía,
te ibas, inmóvil,
sin defenderte
hasta ahogarte en la boca de arena.

THE DREAM

Walking on the sands
I decided to leave you.

I was treading a dark clay
that trembled
and I, sinking and coming out,
decided that you should come out
of me, that you were weighing me down
like a cutting stone,
and I worked out your loss
step by step:
to cut off your roots,
to release you alone into the wind.

Ah in that minute,
my dear, a dream
with its terrible wings
was covering you.

You felt yourself swallowed by the clay,
and you called to me and I did not come,
you were going, motionless,
without defending yourself
until you were smothered in the quicksand.

Después
mi decisión se encontró con tu sueño,
y desde la ruptura
que nos quebraba el alma
surgimos limpios otra vez, desnudos,
amándonos
sin sueño, sin arena,
completos y radiantes,
sellados por el fuego.

Afterwards
my decision encountered your dream,
and from the rupture
that was breaking our hearts
we came forth clean again, naked,
loving each other
without dream, without sand,
complete and radiant,
sealed by fire.

SI TÚ ME OLVIDAS

Quiero que sepas
una cosa.

Tú sabes cómo es esto:
si miro
la luna de cristal, la rama roja
del lento otoño en mi ventana,
si toco
junto al fuego
la impalpable ceniza
o el arrugado cuerpo de la leña,
todo me lleva a ti,
como si todo lo que existe,
aromas, luz, metales,
fueran pequeños barcos que navegan
hacia las islas tuyas que me aguardan.

Ahora bien,
si poco a poco dejas de quererme
dejaré de quererte poco a poco.

Si de pronto
me olvidas
no me busques,
que ya te habré olvidado.

IF YOU FORGET ME

I want you to know
one thing.

You know how this is:
if I look
at the crystal moon, at the red branch
of the slow autumn at my window,
if I touch
near the fire
the impalpable ash
or the wrinkled body of the log,
everything carries me to you,
as if everything that exists,
aromas, light, metals,
were little boats that sail
toward those isles of yours that wait for me.

Well, now,
if little by little you stop loving me
I shall stop loving you little by little.

If suddenly
you forget me
do not look for me,
for I shall already have forgotten you.

Si consideras largo y loco
el viento de banderas
que pasa por mi vida
y te decides
a dejarme a la orilla
del corazón en que tengo raíces,
piensa
que en ese día,
a esa hora
levantaré los brazos
y saldrán mis raíces
a buscar otra tierra.

Pero
si cada día,
cada hora,
sientes que a mí estás destinada
con dulzura implacable,
si cada día sube
una flor a tus labios a buscarme,
ay amor mío, ay mía,
en mí todo ese fuego se repite,
en mí nada se apaga ni se olvida,
mi amor se nutre de tu amor, amada,
y mientras vivas estará en tus brazos
sin salir de los míos.

If you think it long and mad,
the wind of banners
that passes through my life,
and you decide
to leave me at the shore
of the heart where I have roots,
remember
that on that day,
at that hour,
I shall lift my arms
and my roots will set off
to seek another land.

But
if each day,
each hour,
you feel that you are destined for me
with implacable sweetness,
if each day a flower
climbs up to your lips to seek me,
ah my love, ah my own,
in me all that fire is repeated,
in me nothing is extinguished or forgotten,
my love feeds on your love, beloved,
and as long as you live it will be in your arms
without leaving mine.

ODA Y GERMINACIONES

I

El sabor de tu boca y el color de tu piel,
piel, boca, fruta mía de estos días veloces,
dímelo, fueron sin cesar a tu lado
por años y por viajes y por lunas y soles
y tierra y llanto y lluvia y alegría
o sólo ahora, sólo
salen de tus raíces
como a la tierra seca el agua trae
germinaciones que no conocía,
o a los labios del cántaro olvidado
sube en el agua el gusto de la tierra?

No sé, no me lo digas, no lo sabes.
Nadie sabe estas cosas.
Pero acercando todos mis sentidos
a la luz de tu piel, desapareces,
te fundes como el ácido
aroma de una fruta
y el calor de un camino,
el olor del maíz que se desgrana,
la madreselva de la tarde pura,
los nombres de la tierra polvorienta,
el perfume infinito de la patria:

ODE AND BURGEONINGS

I

The taste of your mouth and the color of your skin,
skin, mouth, fruit of these swift days,
tell me, were they always beside you
through years and journeys and moons and suns
and earth and weeping and rain and joy
or is it only now that
they come from your roots,
only as water brings to the dry earth
burgeonings that it did not know,
or as to the lips of the forgotten jug
the taste of the earth rises in the water?

I don't know, don't tell me, you don't know.
Nobody knows these things.
But bringing all my senses close
to the light of your skin, you disappear,
you melt like the acid
aroma of a fruit
and the heat of a road,
and the smell of corn being stripped,
the honeysuckle of the pure afternoon,
the names of the dusty earth,
the infinite perfume of our country:

magnolia y matorral, sangre y harina,
galope de caballos,
la luna polvorienta de la aldea,
el pan recién nacido:
ay todo de tu piel vuelve a mi boca,
vuelve a mi corazón, vuelve a mi cuerpo,
y vuelvo a ser contigo
la tierra que tú eres:
eres en mí profunda primavera:
vuelvo a saber en ti cómo germino.

II

Años tuyos que yo debí sentir
crecer cerca de mí como racimos
hasta que hubieras visto cómo el sol y la tierra
a mis manos de piedra te hubieran destinado,
hasta que uva con uva hubieras hecho
cantar en mis venas el vino.
El viento o el caballo
desviándose pudieron
hacer que yo pasara por tu infancia,
el mismo cielo has visto cada día,
el mismo barro del invierno oscuro,
la enramada sin fin de los ciruelos
y su dulzura de color morado.
Sólo algunos kilómetros de noche,

magnolia and thicket, blood and flour,
the gallop of horses,
the village's dusty moon,
newborn bread:
ah from your skin everything comes back to my mouth,
comes back to my heart, comes back to my body,
and with you I become again
the earth that you are:
you are deep spring in me:
in you I know again how I am born.

II

Years of yours that I should have felt
growing near me like clusters
until you had seen how the sun and the earth
had destined you for my hands of stone,
until grape by grape you had made
the wine sing in my veins.
The wind or the horse
swerving were able
to make me pass through your childhood,
you have seen the same sky each day,
the same dark winter mud,
the endless branching of the plum trees
and their dark-purple sweetness.
Only a few miles of night,

las distancias mojadas
de la aurora campestre,
un puñado de tierra nos separó, los muros
transparentes
que no cruzamos, para que la vida,
después, pusiera todos
los mares y la tierra
entre nosotros, y nos acercáramos
a pesar del espacio,
paso a paso buscándonos,
de un océano a otro,
hasta que vi que el cielo se incendiaba
y volaba en la luz tu cabellera
y llegaste a mis besos con el fuego
de un desencadenado meteoro
y al fundirte en mi sangre, la dulzura
del ciruelo salvaje
de nuestra infancia recibí en mi boca,
y te apreté a mi pecho como
si la tierra y la vida recobrara.

III

Mi muchacha salvaje, hemos tenido
que recobrar el tiempo
y marchar hacia atrás, en la distancia
de nuestras vidas, beso a beso,

the drenched distances
of the country dawn,
a handful of earth separated us, the transparent
walls
that we did not cross, so that life,
afterward, could put all
the seas and the earth
between us, and we could come together
in spite of space,
step by step seeking each other,
from one ocean to another,
until I saw that the sky was aflame
and your hair was flying in the light
and you came to my kisses with the fire
of an unchained meteor
and as you melted in my blood, the sweetness
of the wild plum
of our childhood I received in my mouth,
and I clutched you to my breast as
if I were regaining earth and life.

III

My wild girl, we have had
to regain time
and march backward, in the distance
of our lives, kiss after kiss,

recogiendo de un sitio lo que dimos
sin alegría, descubriendo en otro
el camino secreto
que iba acercando tus pies a los míos,
y así bajo mi boca
vuelves a ver la planta insatisfecha
de tu vida alargando sus raíces
hacia mi corazón que te esperaba.
Y una a una las noches
entre nuestras ciudades separadas
se agregan a la noche que nos une.
La luz de cada día,
su llama o su reposo,
nos entregan, sacándolos del tiempo,
y así se desentierra
en la sombra o la luz nuestro tesoro,
y así besan la vida nuestros besos:
todo el amor en nuestro amor se encierra:
toda la sed termina en nuestro abrazo.
Aquí estamos al fin frente a frente,
nos hemos encontrado,
nos hemos perdido nada.
Nos hemos recorrido labio a labio,
hemos cambiado mil veces
entre nosotros la muerte y la vida,
todo lo que traíamos
como muertas medallas

gathering from one place what we gave
without joy, discovering in another
the secret road
that gradually brought your feet close to mine,
and so beneath my mouth
you see again the unfulfilled plant
of your life putting out its roots
toward my heart that was waiting for you.
And one by one the nights
between our separated cities
are joined to the night that unites us.
The light of each day,
its flame or its repose,
they deliver to us, taking them from time,
and so our treasure
is disinterred in shadow or light,
and so our kisses kiss life:
all love is enclosed in our love:
all thirst ends in our embrace.
Here we are at last face to face,
we have met,
we have lost nothing.
We have felt each other lip to lip,
we have changed a thousand times
between us death and life,
all that we were bringing
like dead medals

lo echamos al fondo del mar,
todo lo que aprendimos
no nos sirvió de nada:
comenzamos de nuevo,
terminamos de nuevo
muerte y vida.
Y aquí sobrevivimos,
puros, con la pureza que nosotros creamos,
más anchos que la tierra que no pudo
   extraviarnos,
eternos como el fuego que arderá
cuanto dure la vida.

we threw to the bottom of the sea,
all that we learned
was of no use to us:
we begin again,
we end again
death and life.
And here we survive,
pure, with the purity that we created,
broader than the earth that could not lead us
   astray
eternal as the fire that will burn
as long as life endures

EPITALAMIO

Recuerdas cuando
en invierno
llegamos a la isla?
El mar hacia nosotros levantaba
una copa de frío.
En las paredes las enredaderas
susurraban dejando
caer hojas oscuras
a nuestro paso.
Tú eras también una pequeña hoja
que temblaba en mi pecho.
El viento de la vida allí te puso.
En un principio no te vi: no supe
que ibas andando conmigo,
hasta que tus raíces
horadaron mi pecho,
se unieron a los hilos de mi sangre,
hablaron por mi boca,
florecieron conmigo.
Así fue tu presencia inadvertida,
hoja o rama invisible,
y se pobló de pronto
mi corazón de frutos y sonidos.
Habitaste la casa
que te esperaba oscura

EPITHALAMIUM

Do you remember when
in winter
we reached the island?
The sea raised toward us
a crown of cold.
On the walls the climbing vines
murmured letting
dark leaves fall
as we passed.
You too were a little leaf
that trembled on my chest.
Life's wind put you there.
At first I did not see you: I did not know
that you were walking with me,
until your roots
pierced my chest,
joined the threads of my blood,
spoke through my mouth,
flourished with me.
Thus was your inadvertent presence,
invisible leaf or branch,
and suddenly my heart
was filled with fruits and sounds.
You occupied the house
that darkly awaited you

y encendiste las lámparas entonces.
Recuerdas, amor mío,
nuestros primeros pasos en la isla?
Las piedras grises nos reconocieron,
las rachas de la lluvia,
los gritos del viento en la sombra.
Pero fue el fuego
nuestro único amigo,
junto a él apretamos
el dulce amor de invierno
a cuatro brazos.
El fuego vio crecer nuestro beso desnudo
hasta tocar estrellas escondidas,
y vio nacer y morir el dolor
como una espada rota
contra el amor invencible.
Recuerdas,
oh dormida en mi sombra,
cómo en ti crecía
el sueño,
de tu pecho desnudo
abierto con sus cúpulas gemelas
hacia el mar, hacia el viento de la isla,
y cómo yo en tu sueño navegaba
libre, en el mar y en el viento
atado y sumergido sin embargo
al volumen azul de tu dulzura?

and then you lit the lamps.
Do you remember, my love,
our first steps on the island?
The gray stones knew us,
the rain squalls,
the shouts of the wind in the shadow.
But the fire was
our only friend,
next to it we hugged
the sweet winter love
with four arms.
The fire saw our naked kiss grow
until it touched hidden stars,
and it saw grief be born and die
like a broken sword
against invincible love.
Do you remember,
oh sleeper in my shadow,
how sleep would grow
in you,
from your bare breast
open with its twin domes
toward the sea, toward the wind of the island,
and how I in your dream sailed
free, in the sea and in the wind
yet tied and sunken
in the blue volume of your sweetness?

Oh dulce, dulce mía,
cambió la primavera
los muros de la isla.
Apareció una flor como una gota
de sangre anaranjada,
y luego descargaron los colores
todo su peso puro.
El mar reconquistó su transparencia,
la noche en el cielo
destacó sus racimos
y ya todas las cosas susurraron
nuestro nombre de amor, piedra por piedra
dijeron nuestro nombre y nuestro beso.
La isla de piedra y musgo
resonó en el secreto de sus grutas
como en tu boca el canto,
y la flor que nacía
entre los intersticios de la piedra
con su secreta sílaba
dijo al pasar tu nombre
de planta abrasadora
y la escarpada roca levantada
como el muro del mundo
reconoció mi canto, bienamada,
y todas las cosas dijeron
tu amor, mi amor, amada,
porque la tierra, el tiempo, el mar, la isla,

Oh sweet, my sweet,
spring changed
the island's walls.
A flower appeared like a drop
of orange blood,
and then the colors discharged
all their pure weight.
The sea reconquered its transparency,
night in the sky
outlined its clusters
and now all things murmured
our name of love, stone by stone
they said our name and our kiss.
The island of stone and moss
echoed in the secret of its grottoes
like the song in your mouth,
and the flower that was born
between the crevices of the stone
with its secret syllable
spoke, as it passed, your name
of blazing plant
and the steep rock, raised
like the wall of the world,
knew my song, well beloved,
and all things spoke of
your love, my love, beloved,
because earth, time, sea, island,

la vida, la marea,
el germen que entreabre
sus labios en la tierra,
la flor devoradora,
el movimiento de la primavera,
todo nos reconoce,
Nuestro amor ha nacido
fuera de las paredes,
en el viento,
en la noche,
en la tierra,
y por eso la arcilla y la corola,
el barro y las raíces
saben cómo te llamas,
y saben que mi boca
se juntó con la tuya
porque en la tierra nos sembraron juntos
sin que sólo nosotros lo supiéramos
y que crecemos juntos
y florecemos juntos
y por eso
cuando pasamos,
tu nombre está en los pétalos
de la rosa que crece en la piedra,
mi nombre está en las grutas.
Ellos todo lo saben,
no tenemos secretos,

life, tide,
the seed that half opens
its lips in the earth,
the devouring flower,
the movement of spring,
everything recognizes us.
Our love was born
outside the walls,
in the wind,
in the night,
in the earth,
and that's why the clay and the flower,
the mud and the roots
know your name,
and know that my mouth
joined yours
because we were sown together in the earth
and we alone did not know it
and that we grow together
and flower together
and therefore
when we pass,
your name is on the petals
of the rose that grows on the stone,
my name is in the grottoes.
They know it all,
we have no secrets,

hemos crecido juntos
pero no lo sabíamos.
El mar conoce nuestro amor, las piedras
de la altura rocosa
saben que nuestros besos florecieron
con pureza infinita,
como en sus intersticios una boca
escarlata amanece:
así como nuestro amor y el beso
que reúne tu boca y la mía
en una flor eterna.
Amor mío,
la primavera dulce,
flor y mar, nos rodean.
No la cambiamos
por nuestro invierno,
cuando el viento
comenzó a descifrar tu nombre
que hoy en todas las horas repite,
cuando
las hojas no sabían
que tú eras una hoja,
cuando
las raíces
no sabían que tú me buscabas
en mi pecho.
Amor, amor,

we have grown together
but we did not know it.
The sea knows our love, the stones
of the rocky height
know that our kisses flowered
with infinite purity,
as in their crevices a scarlet
mouth dawns:
just as our love and the kiss
that joins your mouth and mine
in an eternal flower.
My love,
sweet spring,
flower and sea, surround us.
We did not change it
for our winter,
when the wind
began to decipher your name
that today at all hours it repeats,
when
the leaves did not know
that you were a leaf,
when
the roots
did not know that you were seeking me
in my breast.
Love, love,

la primavera
nos ofrece el cielo,
pero la tierra oscura
es nuestro nombre,
nuestro amor pertenece
a todo el tiempo y la tierra.
Amándonos, mi brazo
bajo tu cuello de arena,
esperaremos
como cambian la tierra y el tiempo
en la isla,
como caen las hojas
de las enredaderas taciturnas,
como se va el otoño
por la ventana rota.
Pero nosotros
vamos a esperar
a nuestro amigo,
a nuestro amigo de ojos rojos,
el fuego,
cuando de nuevo el viento
sacuda las fronteras de la isla
y desconozca el nombre
de todos,
el invierno
nos buscará, amor mío,
siempre

spring
offers us the sky,
but the dark earth
is our name,
our love belongs
to all time and the earth.
Loving each other, my arm
beneath your neck of sand,
we shall wait
as earth and time change
on the island,
as the leaves fall
from the silent climbing vines,
as autumn departs
through the broken window.
But we
are going to wait for
our friend,
our red-eyed friend,
the fire,
when the wind again
shakes the frontiers of the island
and does not know the names
of everyone,
winter
will seek us, my love,
always

nos buscará, porque lo conocemos,
porque no lo tememos,
porque tenemos
con nosotros
el fuego
para siempre,
tenemos
la tierra con nosotros
para siempre,
la primavera con nosotros
para siempre,
y cuando se desprenda
de las enredaderas
una hoja,
tú sabes, amor mío,
qué nombre viene escrito
en esa hoja,
un nombre que es el tuyo y es el mío,
nuestro nombre de amor, un solo
ser, la flecha
que atravesó el invierno,
el amor invencible,
el fuego de los días,
una hoja
que me cayó en el pecho,
una hoja del árbol
de la vida

it will seek us, because we know it,
because we do not fear it,
because we have
with us
fire
forever,
we have
earth with us
forever,
spring with us
forever,
and when a leaf
falls
from the climbing vines,
you know, my love,
what name is written
on that leaf,
a name that is yours and mine,
our love name, a single
being, the arrow
that pierced winter,
the invincible love,
the fire of the days,
a leaf
that dropped upon my breast,
a leaf from the tree
of life

que hizo nido y cantó,
que echó raíces,
que dio flores y frutos.
Y así ves, amor mío,
cómo marcho
por la isla,
por el mundo,
seguro en medio de la primavera,
loco de luz en el frío,
andando tranquilo en el fuego,
levantando tu peso
de pétalo en mis brazos
como si nunca hubiera caminado
sino contigo, alma mía,
como si no supiera caminar
sino contigo,
como si no supiera cantar
sino cuando tú cantas.

that made a nest and sang,
that put out roots,
that gave flowers and fruits.
And so you see, my love,
how I move
around the island,
around the world,
safe in the midst of spring,
crazy with light in the cold,
walking tranquil in the fire,
lifting your petal
weight in my arms
as if I had never walked
except with you, my heart,
as if I could not walk
except with you,
as if I could not sing
except when you sing.

MADRIGAL ESCRITO EN INVIERNO

En el fondo del mar profundo,
en la noche de largas listas,
como un caballo cruza corriendo
tu callado callado nombre.

Alójame en tu espalda, ay, refúgiame,
aparéceme en tu espejo, de pronto,
sobre la hoja solitaria, nocturna,
brotando de lo oscuro, detrás de ti.

Flor de la dulce luz completa,
acúdeme tu boca de besos,
violenta de separaciones,
determinada y fina boca.

Ahora bien, en lo largo y largo,
de olvido a olvido residen conmigo
los rieles, el grito de la lluvia:
lo que la oscura noche preserva.

Acógeme en la tarde de hilo,
cuando al anochecer trabaja
su vestuario y palpita en el cielo
una estrella llena de viento.

MADRIGAL WRITTEN IN WINTER

In the depths of the deep sea,
in the night of long lists,
like a horse your silent
silent name runs past.

Lodge me at your back, oh shelter me,
appear to me in your mirror, suddenly,
upon the solitary, nocturnal pane,
sprouting from the dark behind you.

Flower of sweet total light,
bring to my call your mouth of kisses,
violent from separations,
resolute and delicate mouth.

Now then, in the long run,
from oblivion to oblivion the rails
reside with me, the cry of the rain:
what the dark night preserves.

Welcome me in the threadlike evening,
when at dusk it works upon
its wardrobe and in the sky a star
twinkles filled with wind.

Acércame tu ausencia hasta el fondo,
pesadamente, tapándome los ojos,
crúzame tu existencia, suponiendo
que mi corazón está destruido.

Bring your substance deep down to me,
heavily, covering my eyes,
let your existence cut across me, supposing
that my heart is destroyed.

JUNTOS NOSOTROS

Qué pura eres de sol o de noche caída,
qué triunfal desmedida tu órbita de blanco,
y tu pecho de pan, alto de clima,
tu corona de árboles negros, bienamada,
y tu nariz de animal solitario, de oveja salvaje
que huele a sombra y a precipitada fuga
tiránica.

Ahora, qué armas espléndidas mis manos,
digna su pala de hueso y su lirio de uñas,
y el puesto de mi rostro, y el arriendo de mi
alma
están situados en lo justo de la fuerza terrestre.
Qué pura mi mirada de nocturna influencia,
caída de ojos oscuros y feroz acicate,
mi simétrica estatua de piernas gemelas
sube hacia estrellas húmedas cada mañana,
y mi boca de exilio muerde la carne y la uva,
mis brazos de varón, mi pecho tatuado
en que penetra el vello como ala de estaño,
mi cara blanca hecha para la profundidad del sol,
mi pelo hecho de ritos, de minerales negros,
mi frente, penetrante como golpe o camino,
mi piel de hijo maduro, destinado al arado,
mis ojos de sal ávida, de matrimonio rápido,

WE TOGETHER

How pure you are by sunlight or by fallen night,
how triumphal and boundless your orbit of white,
and your bosom of bread, high in climate,
your crown of black trees, beloved,
and your lone-animal nose, nose of a wild sheep
that smells of shadow and of precipitous,
tyrannical flight.

Now, what splendid weapons my hands,
how worthy their blade of bone and their lily nails,
and the placing of my face and the rental of my
soul
are situated in the center of earthly force.
How pure my gaze of nocturnal influence,
a fall of dark eyes and ferocious urge,
my symmetrical statue with twin legs
mounts toward moist stars each morning,
and my exiled mouth bites the flesh and the grape,
my manly arms, my tattooed chest
on which the hair takes root like a tin wing,
my white face made for the sun's depth,
my hair made of rituals, of black minerals,
my forehead, penetrating as a blow or a road,
my skin of a grown-up son, destined for the plow,
my eyes of avid salt, of rapid marriage,

mi lengua amiga blanda del dique y del buque,
mis dientes de horario blanco, de equidad
  sistemática,
la piel que hace a mi frente un vacío de hielos
y en mi espalda se torna, y vuela en mis párpados,
y se repliega sobre mi más profundo estímulo,
y crece hacia las rosas en mis dedos,
en mi mentón de hueso y en mis pies de riqueza.

Y tú como un mes de estrella, como un beso fijo,
como estructura de ala, o comienzos de otoño,
niña, mi partidaria, mi amorosa,
la luz hace su lecho bajo tus grandes párpados,
dorados como bueyes, y la paloma redonda
hace sus nidos blancos frecuentemente en ti.

Hecha de ola en lingotes y tenazas blancas,
tu salud de manzana furiosa se estira sin límite,
el tonel temblador en que escucha tu estómago,
tus manos hijas de la harina y del cielo.

Qué parecida eres al más largo beso,
su sacudida fija parece nutrirte,
y su empuje de brasa, de bandera revuelta,
va latiendo en tus dominios y subiendo temblado,
y entonces tu cabeza se adelgaza en cabellos,

my tongue soft friend of dike and ship,
my teeth like a white clockface, of systematic
  equity,
the skin that makes in front of me an icy emptiness
and in back of me revolves, and flies in my eyelids,
and folds back upon my deepest stimulus,
and grows toward the roses in my fingers,
in my chin of bone and in my feet of richness.

And you, like a month of star, like a fixed kiss,
like a structure of wing, or the beginning of autumn,
girl, my advocate, my amorous one,
light makes its bed beneath your big eyelids,
golden as oxen, and the round dove
often makes her white nests in you.

Made of wave in ingots and white pincers,
your furious apple health stretches without limit,
the trembling cask in which your stomach listens,
your hands daughters of wheat and sky.

How like you are to the longest kiss,
its fixed shock seems to nourish you,
and its thrust of live coals, of fluttering flag,
goes throbbing in your domains and mounting
  trembling,
and then your head slenders into hairs,

y su forma guerrera, su círculo seco,
se desploma de súbito en hilos lineales
como filos de espadas o herencias del humo.

and its warlike form, its dry circle,
collapses suddenly into lineal strings
like swords' edges or inheritance of smoke.

ODA CON UN LAMENTO

Oh niña entre las rosas, oh presión de palomas,
oh presidio de peces y rosales,
tu alma es una botella llena de sal sedienta
y una campana llena de uvas es tu piel.

Por desgracia no tengo para darte sino uñas
o pestañas, o pianos derretidos,
o sueños que salen de mi corazón a borbotones,
polvorientos sueños que corren como jinetes
negros,
sueños llenos de velocidades y desgracias.

Sólo puedo quererte con besos y amapolas,
con guirnaldas mojadas por la lluvia,
mirando cenicientos caballos y perros amarillos.
Sólo puedo quererte con olas a la espalda,
entre vagos golpes de azufre y aguas ensimismadas,
nadando en contra de los cementerios que corren
en ciertos ríos
con pasto mojado creciendo sobre las tristes tum-
bas de yeso,
nadando a través de corazones sumergidos
y pálidas planillas de niños insepultos.

ODE WITH A LAMENT

Oh girl among the roses, oh crush of doves,
oh fortress of fishes and rosebushes,
your soul is a bottle filled with thirsty salt
and your skin, a bell filled with grapes.

Unfortunately I have only fingernails to give you,
or eyelashes, or melted pianos,
or dreams that come spurting from my heart,
dusty dreams that run like black horsemen,
dreams filled with velocities and misfortunes.

I can love you only with kisses and poppies,
with garlands wet by the rain,
looking at ash-gray horses and yellow dogs.
I can love you only with waves at my back,
amid vague sulphur blows and brooding waters,
swimming against the cemeteries that flow in
certain rivers
with wet fodder growing over the sad plaster
tombs,
swimming across submerged hearts
and pale lists of unburied children.

Hay mucha muerte, muchos acontecimientos
funerarios
en mis desamparadas pasiones y desolados besos,
hay el agua que cae en mi cabeza,
mientras crece mi pelo,
un agua como el tiempo, un agua negra desencadenada,
con una voz nocturna, con un grito
de pájaros en la lluvia, con una interminable
sombra de ala mojada que protege mis huesos:
mientras me visto, mientras
interminablemente me miro en los espejos y en los vidrios,
oigo que alguien me sigue llamándome a sollozos
con una triste voz podrida por el tiempo.

Tú estás de pie sobra la tierra, llena
de dientes y relámpagos.
Tú propagas los besos y matas las hormigas.
Tú lloras de salud, de cebolla, de abeja,
de abecedario ardiendo.
Tú eres como una espada azul y verde
y ondulas al tocarte, como un río.

Ven a mi alma vestida de blanco, con un ramo
de ensangrentadas rosas y copas de cenizas,

There is much death, many funereal events
in my forsaken passions and desolate kisses,
there is the water that falls upon my head,
while my hair grows,
a water like time, a black unchained water,
with a nocturnal voice, with a shout
of birds in the rain, with an interminable
wet-winged shadow that protects my bones:
while I dress, while
interminably I look at myself in mirrors and
   windowpanes,
I hear someone who follows me, sobbing to me
with a sad voice rotted by time.

You stand upon the earth, filled
with teeth and lightning.
You spread the kisses and kill the ants.
You weep with health, with onion, with bee,
with burning alphabet.
You are like a blue and green sword
and you ripple, when I touch you, like a river.

Come to my heart dressed in white, with a
   bouquet
of bloody roses and goblets of ashes,

ven con una manzana y un caballo,
porque allí hay una sala oscura y un candelabro
roto,
unas sillas torcidas que esperan el invierno,
y una paloma muerta, con un número.

come with an apple and a horse,
because there is a dark room there and a broken
candleholder,
some twisted chairs waiting for winter,
and a dead dove, with a number.

ALIANZA (SONATA)

Ni el corazón cortado por un vidrio
en un erial de espinas,
ni las aguas atroces vistas en los rincones
de ciertas casas, aguas como párpados y ojos,
podrían sujetar tu cintura en mis manos
cuando mi corazón levanta sus encinas
hacia tu inquebrantable hilo de nieve.

Nocturno azúcar, espíritu
de las coronas,
                              redimida,
sangre humana, tus besos
me destierran,
y un golpe de agua con restos del mar
golpea los silencios que te esperan
rodeando las gastadas sillas, gastando puertas.

Noches con ejes claros,
partida, material, únicamente
voz, únicamente
desnuda cada día.
Sobre tus pechos de corriente inmóvil,
sobre tus piernas de dureza y agua,
sobre la permanencia y el orgullo
de tu pelo desnudo,

ALLIANCE (SONATA)

Neither the heart cut by a sliver of glass
in a wasteland of thorns,
nor the atrocious waters seen in the corners
of certain houses, waters like eyelids and eyes,
could hold your waist in my hands
when my heart lifts its oak trees
toward your unbreakable thread of snow.

Night sugar, spirit
of crowns,
              redeemed
human blood, your kisses
banish me,
and a surge of water with remnants of the sea
strikes the silences that wait for you
surrounding the worn-out chairs, wearing doors away.

Nights with bright pivots,
departure, matter, uniquely
voice, uniquely
naked each day.
Upon your breasts of still current,
upon your legs of harshness and water,
upon the permanence and pride
of your naked hair,

quiero estar, amor mío, ya tiradas las lágrimas
al ronco cesto donde se acumulan,
quiero estar, amor mío, solo con una sílaba
de plata destrozada, solo con una punta
de tu pecho de nieve.

Ya no es posible, a veces
ganar sino cayendo,
ya no es posible, entre dos seres
temblar, tocar la flor del río:
hebras de hombre vienen como agujas,
tramitaciones, trozos,
familias de coral repulsivo, tormentas
y pasos duros por alfombras
de invierno.

Entre labios y labios hay ciudades
de gran ceniza y húmeda cimera,
gotas de cuándo y cómo, indefinidas
circulaciones:
entre labios y labios como por una costa
de arena y vidrio, pasa el viento.

Por eso eres sin fin, recógeme como si
fueras
toda solemnidad, toda nocturna
como una zona, hasta que te confundas

I want to lie, my love, the tears now cast
into the raucous basket where they gather,
I want to lie, my love, alone with a syllable
of destroyed silver, alone with a tip
of your snowy breast.

It is not now possible, at times,
to win except by falling,
it is not now possible, between two people,
to tremble, to touch the river's flower:
man fibers come like needles,
transactions, fragments,
families of repulsive coral, tempests
and hard passages through carpets
of winter.

Between lips and lips there are cities
of great ash and moist crest,
drops of when and how, indefinite
traffic:
between lips and lips, as if along a coast
of sand and glass, the wind passes.

That is why you are endless, gather me up as if
  you were
all solemnity, all nocturnal
like a zone, until you merge

con las líneas del tiempo.

Avanza en la dulzura,
ven a mi lado hasta que las digitales
hojas de los violines
hayan callado, hasta que los musgos
arraiguen en el trueno, hasta que del latido
de mano y mano bajen las raíces.

with the lines of time.

Advance in sweetness,

come to my side until the digital
leaves of the violins
have become silent, until the moss
takes root in the thunder, until from the throb-
bing
of hand and hand the roots come down.